Gąsienice tak dużo jedzą

i inne pytania na temat cyklów życiowych

Belinda Weber

Tytuł oryginału: Caterpillars Eat So Much
Tłumaczenie: Janusz Ochab
Original edition is published by Kingfisher, an imprint
of Macmillan Children's Books.
© Macmillan Children's Books 2013
© 2014 for the Polish edition by Firma Księgarska Olesiejuk
Spółka z ograniczoną odpowiedzialnością Sp.j.
Wydawnictwo Olesiejuk, an imprint of Firma Księgarska
Olesiejuk Spółka z ograniczoną odpowiedzialnością Sp.j.

ISBN 978-83-7844-258-5

Firma Księgarska Olesiejuk Spółka
z ograniczoną odpowiedzialnością Sp.j.
05-850 Ożarów Mazowiecki
ul. Poznańska 91
wydawnictwo@olesiejuk.pl
www.wydawnictwo-olesiejuk.pl

dystrybucja: www.olesiejuk.pl

Druk: Vilpol Sp. z o.o.

Spis treści

Motyl składa jajo.

1

Co to jest cykl życiowy?

Cykl życiowy to seria zmian, którym podlega każde żywe stworzenie. Zaczyna się on w chwili zapłodnienia jajeczka i trwa aż do śmierci. Nie wszystkie cykle życiowe są takie same, ale często przebiegają według podobnego wzorca.

- Większość samic owadów składa w ciągu całego życia od 100 do 200 jaj, ale królowa termitów może złożyć ich nawet 30 000 w ciągu jednego dnia!

- Gąsienica motyla zwanego monarchem żywi się rośliną o nazwie trojeść. Jeśli ma dość pożywienia, może w ciągu dwóch tygodni powiększyć swą wagę 2000 razy!

Jaki jest pierwszy etap cyklu życiowego?

Pierwszy etap cyklu życiowego to zazwyczaj zapłodnienie jajeczka. Dwa dorosłe osobniki tego samego gatunku łączą się i płodzą młode. U motyli młode mają postać maleńkich jajeczek. We wnętrzu jajeczka rośnie gąsienica, która po pewnym czasie wychodzi na zewnątrz.

Z jaja wykluwa się gąsienica.

2

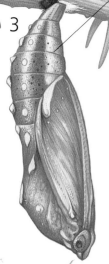

Wokół gąsienicy
tworzy się poczwarka.

3

Dlaczego gąsienice tak dużo jedzą?

Kiedy gąsienica się wykluje, zjada liście i bardzo szybko rośnie. Gdy jest już wystarczająco duża, tworzy wokół siebie powłoczkę zwaną poczwarką. W jej wnętrzu gąsienica zamienia się w motyla.

• Każdy cykl życiowy kończy się w chwili śmierci dorosłego osobnika. Jeśli jednak dane stworzenie zostawia po sobie młode, zaczyna się nowy cykl.

Poczwarka
pęka.

4

5

Jak motyl wychodzi na zewnątrz?

Poczwarka pęka, a motyl wypełza z niej na zewnątrz. Pompując krew do skrzydeł, otwiera je, a potem siedzi w słońcu i czeka, aż wyschną. Wtedy dorosły już motyl odlatuje, by znaleźć partnera.

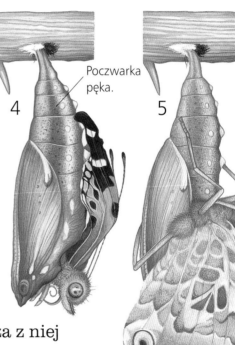

Z poczwarki
wychodzi motyl.

Czy wszystkie żywe stworzenia się rozmnażają?

Tak. Żywe stworzenia mają młode,
bo chcą, by ich gatunek przetrwał.
Maciora, czyli samica świni, może
mieć nawet 12 młodych naraz.
Kiedy prosięta dorosną,
będą miały swoje własne młode.

- Bakterie mogą się dzielić
na mniejsze części i tworzyć
w ten sposób miliony młodych
w ciągu zaledwie kilku godzin.
Niektóre bakterie są
nieszkodliwe, jednak inne
mogą wywoływać choroby.

Dlaczego zwierzęta mają dwoje rodziców

Większość zwierząt, łącznie z ssakami
i ptakami, ma dwoje rodziców. Rodzice
płodzą zupełnie nową istotę, bo oboje
przekazują jej swoje geny. To właśnie ge
decydują o tym, jak wygląda każde zwie

- Jętki żyją naprawdę bardzo szybko! Niektóre mają zaledwie kilka godzin na to, by znaleźć sobie partnera i spłodzić młode.

Które żywe stworzenie dzieli się na dwoje?

Ameby to bezkształtne kleksy, które żyją w wodzie. Właściwie są to maleńkie stworzenia zbudowane tylko z jednej komórki (komórki to elementy, z których zbudowane są wszystkie żywe istoty). Podobnie jak bakterie ameby rozmnażają się przez podział.

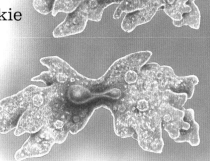

Ameba dzieli się na dwoje.

- Myszy i inne gryzonie rozmnażają się bardzo szybko. Para myszy domowych może w ciągu jednego roku płodzić młode nawet 14 razy!

Dlaczego żółwie mają mnóstwo młodych?

Niektóre zwierzęta mają mnóstwo młodych, by mieć pewność, że choć niektóre z nich przeżyją. Setki młodych żółwi wykluwają się w tym samym czasie i ruszają do morza. Wiele z nich pada ofiarą mew i jaszczurek, ale równie wiele dociera do celu.

● Kiedy mama ryjówka wędruje z miejsca na miejsce, jej młode idą za nią gęsiego, trzymając się zębami za ogony.

Czy są zwierzęta, które mają tylko jedno młode?

Tak. Orangutany mają tylko jedno młode w jednym miocie. Dzięki temu matka ma więcej czasu, by karmić swoje dziecko i zajmować się nim. Młody orangutan rośnie powoli i ucz_ się, jak przetrwać w świecie, przez c_ ma większe szanse na przeżycie.

jaszczurka

mewa

wykluwający
się żółw

Czy ktoś pomaga rodzicom?

żołna
pszczołojad

Czasami tak. Żołny pszczołojady to ptaki, które żywią się pszczołami i innymi owadami. Dorosłe osobniki nie nadążają z karmieniem wszystkich młodych, więc pomaga im w tym starsze potomstwo.

● Ludzie zazwyczaj mają jedno dziecko naraz, czasem bywa jednak ich więcej. W 1997 roku pewna kobieta w USA urodziła siedmioraczki!

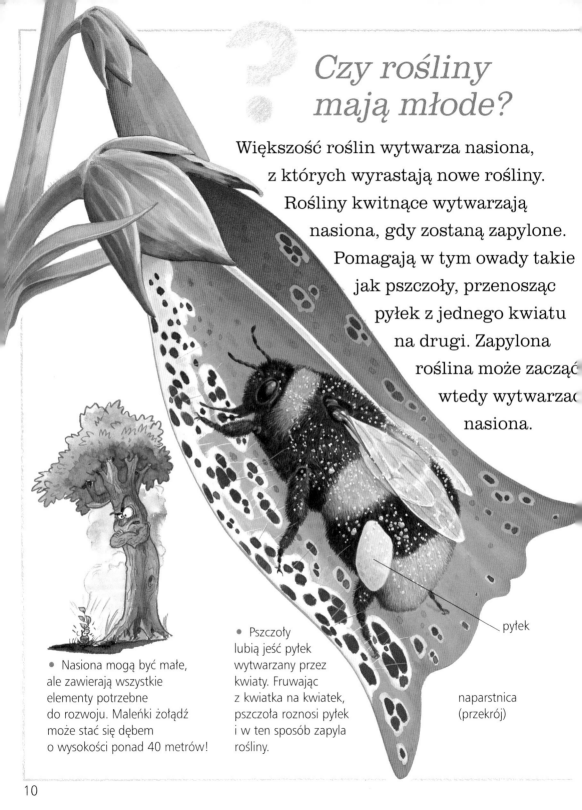

Czy rośliny mają młode?

Większość roślin wytwarza nasiona, z których wyrastają nowe rośliny. Rośliny kwitnące wytwarzają nasiona, gdy zostaną zapylone. Pomagają w tym owady takie jak pszczoły, przenosząc pyłek z jednego kwiatu na drugi. Zapylona roślina może zacząć wtedy wytwarzać nasiona.

pyłek

- Nasiona mogą być małe, ale zawierają wszystkie elementy potrzebne do rozwoju. Maleńki żołądź może stać się dębem o wysokości ponad 40 metrów!

- Pszczoły lubią jeść pyłek wytwarzany przez kwiaty. Fruwając z kwiatka na kwiatek, pszczoła roznosi pyłek i w ten sposób zapyla rośliny.

naparstnica (przekrój)

Dlaczego nasiona się rozsiewają?

Nasiona muszą zostać rozsiane z dala od wytwarzającej je rośliny, by miały gdzie rosnąć. Kiedy zwierzę zjada owoce, wydala nienaruszone pestki wraz z odchodami. Odchody są też dla nasion źródłem niektórych substancji potrzebnych do życia.

małpa jedząca owoce

- Niektóre nasiona mają specjalne haczyki, którymi wczepiają się w sierść zwierząt i wędrują wraz z nimi na nowe miejsca.

truskawka

rozłóg

Która roślina się płoży?

Niektóre rośliny rozmnażają się, wypuszczając pędy zwane rozłogami. Mówimy wtedy, że się płożą. Na przykład truskawki mogą się płożyć, nawet jeśli nie zostaną zapylone.

- Purchawki korzystają z wiatru, który roznosi ich zarodniki. Kiedy purchawka jest dojrzała, po prostu wyrzuca zarodniki w powietrze.

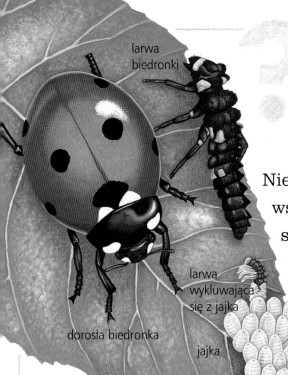

larwa
biedronki

larwa
wykluwająca
się z jajka

dorosła biedronka

jajka

Czy zwierzęta wytwarzają nasiona?

Nie, zwierzęta płodzą młode. Nie wszystkie młode przypominają swoich rodziców. Na przykład larwy biedronki często wyglądają zupełnie inaczej niż dorosłe osobniki. Szybko się jednak zmieniają, a gdy dorosną, same płodzą kolejne młode.

Dlaczego ptaki składają jaja?

By zdobyć pożywienie, ptaki muszą fruwać, nie mogą więc nosić w sobie ciężkich piskląt. Dzięki temu, że pisklęta rozwijają się w jajkach, samica ptaka może mieć ich więcej, a każde z nich ma na początek bezpieczne schronienie.

● Kijanki wyglądają zupełnie inaczej niż dorosłe żaby. Jednak w ciągu kilku tygodni wyrastają im odnóża i zanikają ogony, przez co upodabniają się do swoich rodziców.

jajeczko

podziemne gniazdo samicy dziobaka

Czy są ssaki, które składają jaja?

Większość ssaków rodzi swe młode, lecz dziobak składa jaja. Samica dziobaka składa zazwyczaj dwa lub trzy jajeczka, z których po dziesięciu dniach wykluwają się młode. Samica karmi je mlekiem przez cztery do pięciu miesięcy.

● Dziobaki są doskonałymi budowniczymi. Kopią tunele w brzegach rzek, gdzie urządzają sobie bezpieczne gniazda. Wejścia do tuneli często ukryte są pod wodą.

● Struś składa najcięższe jaja spośród wszystkich ptaków. Każde jajo waży do 1,3 kg, czyli więcej niż torebka cukru!

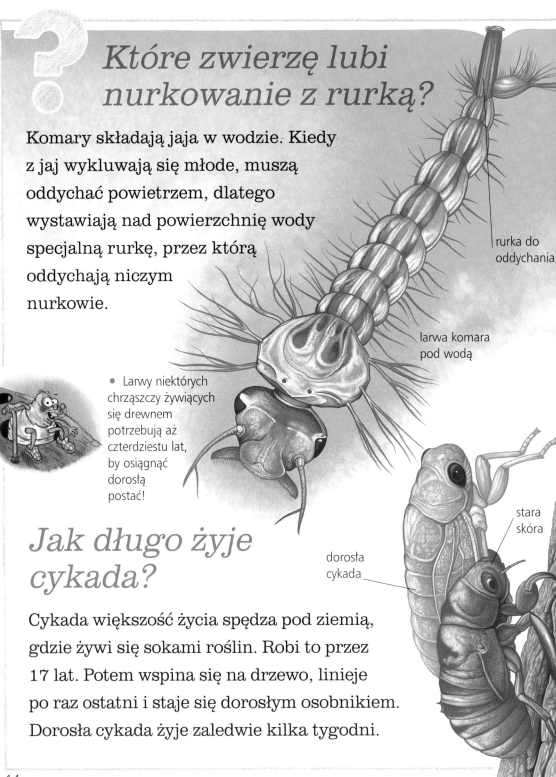

Które zwierzę lubi nurkowanie z rurką?

Komary składają jaja w wodzie. Kiedy z jaj wykluwają się młode, muszą oddychać powietrzem, dlatego wystawiają nad powierzchnię wody specjalną rurkę, przez którą oddychają niczym nurkowie.

rurka do oddychania

larwa komara pod wodą

• Larwy niektórych chrząszczy żywiących się drewnem potrzebują aż czterdziestu lat, by osiągnąć dorosłą postać!

Jak długo żyje cykada?

stara skóra

dorosła cykada

Cykada większość życia spędza pod ziemią, gdzie żywi się sokami roślin. Robi to przez 17 lat. Potem wspina się na drzewo, linieje po raz ostatni i staje się dorosłym osobnikiem. Dorosła cykada żyje zaledwie kilka tygodni.

Dlaczego świetlik świeci?

Świetlik to owad, który wytwarza w swym ciele światło. Samica ma w odwłoku (dolnej części ciała) specjalny organ, który wydziela światło. Świecąc, samica informuje samca, że jest w pobliżu i że jest gotowa do zapłodnienia.

- W odróżnieniu od większości owadów samice skorka bronią swych jaj przed drapieżnikami, dopóki nie wyklują się z nich młode.

- Jeśli przestraszycie gąsienicę zmrocznika gładysza, wciągnie powietrze i nadmucha swą głowę jak balon, by wyglądać na większą, niż jest w rzeczywistości.

Po co owady chowają jajka?

Owady ukrywają swoje jajka, by nie zjadły ich inne zwierzęta. Bielinek rzepnik składa je na spodniej stronie liścia kapusty. Dzięki temu są dobrze ukryte, a młode po wykluciu się mają pod dostatkiem pożywienia.

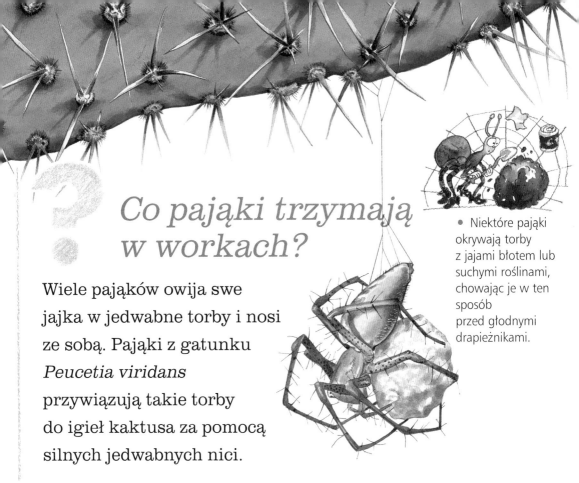

Co pająki trzymają w workach?

Wiele pająków owija swe jajka w jedwabne torby i nosi ze sobą. Pająki z gatunku *Peucetia viridans* przywiązują takie torby do igieł kaktusa za pomocą silnych jedwabnych nici.

• Niektóre pająki okrywają torby z jajami błotem lub suchymi roślinami, chowając je w ten sposób przed głodnymi drapieżnikami.

Jak wyglądają młode pająki?

Młode pająki wyglądają tak samo jak dorosłe osobniki, tyle że są od nich znacznie mniejsze. Młode pająków krzyżaków pozostają razem jeszcze przez kilka dni po wykluciu, tworząc gęsto zbitą kulę. Jeśli czują zagrożenie, kula się rozpada, a pajączki uciekają.

Dlaczego pajāki pēkajā?

Podobnie jak wszystkie bezkręgowce (zwierzęta niemające kręgosłupa) pająki mają wokół ciała twardą skorupę. Kiedy pająk rośnie, skorupa pęka. Nowa skóra twardnieje po kilku godzinach.

• Samica pająka krzyżaka bardzo szybko składa jaja. Może złożyć nawet 1000 jaj w ciągu dziesięciu minut.

• Młode pająków pogońcowatych podróżują na grzbiecie swej matki. Wszystkie maluchy wypuszczają jedwabne nici. Jeśli któryś z nich spadnie, może wrócić na miejsce, wspinając się po swojej nici.

Dlaczego pająki szybują na wietrze?

Niektóre pająki są tak małe, że nie mogą daleko zajść na swoich drobnych nogach. Mogą jednak wykorzystać wiatr. Wypuszczają nić i zawisają na niej w powietrzu, pozwalając się nieść wiatrowi.

Czy ryby składają jaja?

samiec ryby najeżkowatej

Tak. Większość ryb składa tysiące jaj. Muszą składać ich tak dużo, bo tylko nieliczne będą miały szanse wyrosnąć na dorosłe osobniki i znaleźć sobie partnerów. Samica składa jaja w wodzie, a samiec je zapładnia.

jajeczka

samica ryby najeżkowatej

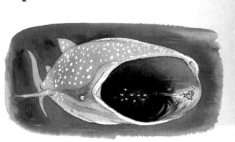

- Rekiny wielorybie to największe ryby na świecie, jedzą jednak tylko maleńkie organizmy zwane planktonem, pochłaniając ich miliony.

Która ryba połyka swoje młode?

Niektóre ryby, takie jak pielęgnice, noszą swoje jajeczka w pysku. Nawet gdy z jajeczek wyklują się już młode, dorosła ryba chowa je w pysku, gdy tylko uzna, że grozi im jakieś niebezpieczeństwo.

• Samce garbika bronią swego terytorium podczas okresu płodowego i gotowe są walczyć ze wszystkimi, którzy podpłyną zbyt blisko, nawet z nurkami!

Dlaczego ryby tańczą?

Niektóre ryby tańczą lub zmieniają kolor, by zwabić partnera. Samce ciernika robią się bardziej kolorowe, gdy są gotowe do rozmnażania. Budują gniazda w wodorostach i wykonują specjalny taniec, zachęcając samicę, by złożyła jaja właśnie w ich gnieździe.

samiec ciernika

• Małe rybki i rybie jaja padają ofiarą wielu zwierząt morskich. Dlatego wiele młodych ryb płynie ku powierzchni wody i szuka pożywienia wśród wodorostów, które zapewniają im bezpieczne schronienie.

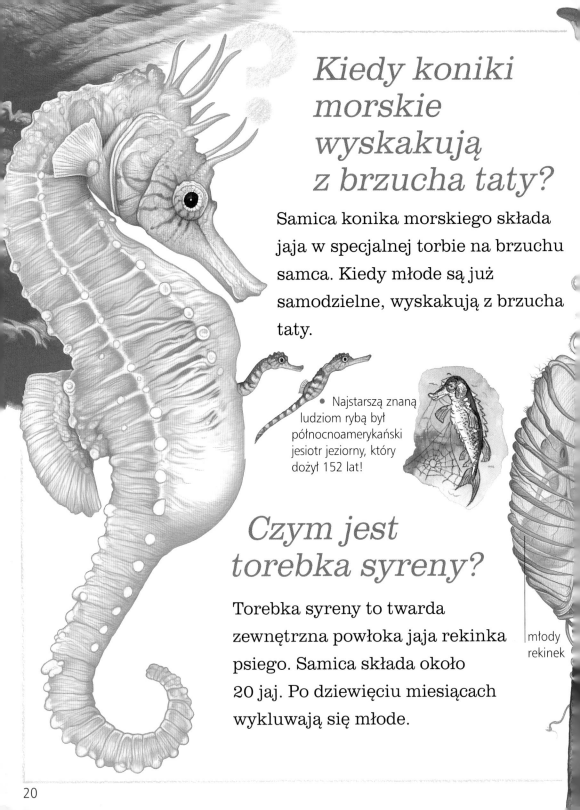

Kiedy koniki morskie wyskakują z brzucha taty?

Samica konika morskiego składa jaja w specjalnej torbie na brzuchu samca. Kiedy młode są już samodzielne, wyskakują z brzucha taty.

● Najstarszą znaną ludziom rybą był północnoamerykański jesiotr jeziorny, który dożył 152 lat!

Czym jest torebka syreny?

Torebka syreny to twarda zewnętrzna powłoka jaja rekinka psiego. Samica składa około 20 jaj. Po dziewięciu miesiącach wykluwają się młode.

młody rekinek

Czy wszystkie rekiny składają jaja?

Nie. Rekin zwany lisem morskim lub kosogonem rodzi swe młode. Samica przechowuje jajka w swym ciele, dopóki nie wyklują się z nich młode.

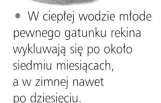

• W ciepłej wodzie młode pewnego gatunku rekina wykluwają się po około siedmiu miesiącach, a w zimnej nawet po dziesięciu.

rodzący się
młody kosogon

Gdzie żyją młode rekiny?

Młode rekiny mogą stać się ofiarą większych drapieżników. Żarłacze żółte rodzą się w płytkich lagunach, gdzie mogą czuć się bezpieczne. Żyją tutaj od siedmiu do ośmiu lat w większych grupach podobnych do siebie młodych.

Które jajka się trzęsą?

skrzek

Żaby składają tysiące galaretowatych jajek, które tworzą wielkie trzęsące się bryły. Żabie jaja nazywane są skrzekiem. We wnętrzu każdego jajeczka rozwija się młoda żaba zwana kijanką. Ropuchy także składają jaja, które układają się w sznury mierzące nawet metr długości.

kijanki

• Chwytnice kolorowe zaczynają życie od skoku do wody. Samica składa jaja na liściach nad wodą. Kiedy z jajeczek wykluwają się kijanki, spadają one prosto do wody. Wspinają się ponownie na drzewa, kiedy są już dorosłe.

Jak oddychają kijanki?

Kiedy kijanki wykluwają się z jajek, mają długie ogony ułatwiające im pływanie i skrzela, dzięki którym mogą oddychać pod wodą. Skrzela to strzępiaste płaty skóry umieszczone po obu stronach głowy kijanki. Za pomocą skrzeli kijanki czerpią z wody gaz zwany tlenem.

Dlaczego kijankom wyrastają nogi?

Wraz z upływem czasu kijanki zmieniają swój kształt. Po kilku tygodniach najpierw wyrastają im tylne odnóża, potem przednie. Znikają ogony i skrzela, a rozwijają się płuca, dzięki którym mogą oddychać powietrzem. Małe żabki mogą wtedy zacząć życie na lądzie.

- Kiedy samica grzbietoroda składa jaja, samiec wbija je w gąbkowatą skórę na jej grzbiecie.

- Kijanki żaby Darwina przez pierwsze tygodnie życia mieszkają w pysku swego ojca. Kiedy podrosną, ojciec je wypluwa.

Dlaczego żaby są takie hałaśliwe?

Wiele żab i ropuch wydaje głośne dźwięki, by zwabić partnera. Amerykańskie żaby ryczące mają pod brodą specjalne worki. Nadymają je jak balon, a ich wołanie staje się jeszcze głośniejsze; słychać je z odległości ponad kilometra!

Dlaczego pytony tulą swoje jajka?

Wiele gadów składa jaja, które potem zostawia bez opieki. Niektóre jednak zajmują się nimi, ogrzewają je i bronią przed drapieżnikami. Pyton zielony owija się wokół swoich jaj i ogrzewa je, dzięki czemu zamknięte w nich młode węże szybciej się rozwijają.

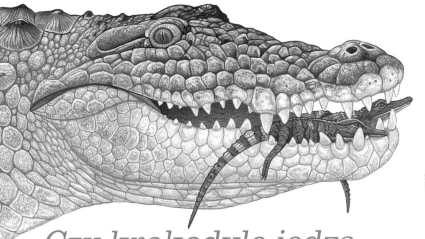

Czy krokodyle jedzą swoje młode?

Mały krokodyl tuż po wykluciu waży zaledwie 250 gramów, czyli 2000 razy mniej niż jego matka. Choć na pierwszy rzut oka wydaje się, że samica krokodyla zjada swe młode, to tak naprawdę przenosi je z gniazda do wody.

● Młode grzechotniki nie potrafią wydawać grzechoczącego sygnału ostrzegawczego. Muszą kilkakrotnie zrzucić skórę, nim na końcu ich ogona pojawi się grzechotka.

Jak węże wydostają się z jaj?

Młode gady przebijają skorupę jajka za pomocą specjalnego zęba. U węży i jaszczurek ząb jajowy wyrasta z górnej wargi.

Kiedy jajka skowyczą?

Krokodyle zakopują swe jajka w ziemi, by było im ciepło. Młode nie potrafią się jednak same wydostać na powierzchnię. Dlatego też, kiedy zbliża się czas wylęgu, skowyczą, skrzeczą i chrząkają we wnętrzu jajek. Matka słyszy ich głosy i rozkopuje gniazdo.

● Choć samce mamby mają dość jadu, by zabić się nawzajem, to jednak podczas walki o samicę nie kąsają się. Samce mocują się ze sobą, aż wygrywa silniejszy.

Dlaczego żurawie tańczą?

Ptaki zdobywają partnera, zalecając się do niego i popisując się przed nim na różne sposoby. Samce żurawia dumnie kroczą i tańczą przed wybranką, kłaniając się nisko, a potem wyskakując wysoko w powietrze.

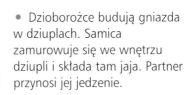

- Dzioborożce budują gniazda w dziuplach. Samica zamurowuje się we wnętrzu dziupli i składa tam jaja. Partner przynosi jej jedzenie.

Który ptak jest świetnym tkaczem?

Ptaki budują gniazda, by zapewnić schronienie swym młodym. Samiec afrykańskiego wikłacza plecie z trawy kuliste gniazdo zawieszone na drzewie. Jeśli samicy spodoba się dane gniazdo, zostanie partnerką jego właściciela.

- Kukułki to bardzo leniwi rodzice! Składają jaja w gniazdach innych ptaków. Młoda kukułka zaś zabija wszystkie inne pisklęta w gnieździe i sama zjada cały pokarm.

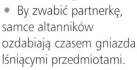

- By zwabić partnerkę, samce altanników ozdabiają czasem gniazda lśniącymi przedmiotami.

Jak ogrzewają się pingwiny?

Pingwiny cesarskie rozmnażają się na zamarzniętych lądach Antarktyki. Samce noszą jajka na stopach, nieustannie je w ten sposób ogrzewając. Mają pod brzuchem specjalny płat skóry, w którym chowają jajko lub pisklę.

Kto opiekuje się pisklętami?

Zazwyczaj oboje rodzice przynoszą pisklętom jedzenie. Albatrosy wędrowne składają tylko jedno duże jajo, z którego po 80 dniach wylęga się młode. Albatrosy jedzą ryby, więc rodzice na zmianę opiekują się jajkiem i lecą polować nad morze.

Które noworodki potrafią biegać?

Źrebięta (młode konie) potrafią stać na własnych nogach już dziesięć minut po urodzeniu, a już po kilku godzinach zaczynają biegać. Jak większość ssaków źrebięta przez długi czas rosną w brzuchu swojej matki, więc kiedy się rodzą, są już w pełni rozwinięte.

● Maciory mają 12 sutków, dzięki czemu mogą karmić aż dwanaście prosiąt naraz!

Dlaczego kangury mają torby?

Kangury rodzą bardzo małe, nierozwinięte młode. Mały kangurek tuż po urodzeniu jest niewiele większy od waszego kciuka. Wpełza do torby swej matki, szukając tam ciepła, bezpieczeństwa i pokarmu. Żywi się mlekiem matki.

Czy tygrysy są dobrymi ojcami?

Dorosłe samce tygrysa są samotnikami. Nigdy nie widzą swych młodych ani się nimi nie opiekują. Spotykają się z samicami, tylko gdy chcą się parzyć.

Wieloryb wynosi swe młode na powierzchnię.

Czy jakieś ssaki rodzą się pod wodą?

Wieloryby i delfiny rodzą swe młode w morzu. Ponieważ są ssakami, muszą oddychać powietrzem, więc matka delikatnie popycha młode ku powierzchni morza, by wzięło pierwszy oddech.

● Pewien gatunek nietoperzy jest niezwykły, bo to samce mogą wytwarzać mleko.

Dlaczego słonie morskie walczą ze sobą?

Samce słoni morskich walczą ze sobą, by pokazać, który jest najsilniejszy. Samiec, który wygra najwięcej walk, zdobywa największe terytorium i ma najwięcej samic.

- Barany kanadyjskie zderzają się rogami, by pokazać, który jest silniejszy.

Co się dzieje ze starymi zwierzętami?

W naturze zwierzęta rzadko doczekują starości. Jeśli są słabe lub chore, często nie nadążają za stadem i padają ofiarą drapieżników. Kiedy umierają, ich ciałami żywią się inne zwierzęta, takie jak szakale.

szakale

zebra

Dlaczego zwierzęta się bawią?

Młode zwierzęta uczą się poprzez zabawę. Kiedy lwiątka skaczą na ogon swej matki, nabywają umiejętności potrzebnych do polowania. Czołgając się w wysokiej trawie, uczą się skradać do ofiary.

● Samce nosorożca pozostawiają śmierdzące sterty odchodów, by pokazać samicom, gdzie są!

Które zwierzęta żyją najdłużej?

Ludzie żyją najdłużej wśród ssaków, bo mają lepszy dostęp do wody, pokarmu i schronienia. W Europie i Stanach Zjednoczonych mężczyźni żyją przeciętnie 75 lat, a kobiety 80. Jednak najstarszym ze znanych nam zwierząt nie był ssak, lecz żółw, który przeżył 188 lat!